EXPOSITION UNIVERSELLE DE PARIS

EN 1878

# ALGÉRIE

## ARCHÉOLOGIE & HISTOIRE

ALGER
TYPOGRAPHIE ET LITHOGRAPHIE ADOLPHE JOURDAN
IMPRIMEUR-LIBRAIRE
4, PLACE DU GOUVERNEMENT, 4

1878

EXPOSITION UNIVERSELLE DE PARIS

EN 1878

# ALGÉRIE

# ARCHÉOLOGIE & HISTOIRE

ALGER
TYPOGRAPHIE ET LITHOGRAPHIE ADOLPHE JOURDAN
IMPRIMEUR-LIBRAIRE
4, PLACE DU GOUVERNEMENT, 4

1878

EXPOSITION UNIVERSELLE DE PARIS
EN 1878

# ALGÉRIE

## ARCHÉOLOGIE & HISTOIRE

Lorsqu'en 1830 nos troupes posaient le pied sur la plage de Sidi-Ferruch, l'Afrique septentrionale était très-peu connue du monde européen. Les savants, dans toute l'acception du mot, s'étaient presque seuls occupés des livres écrits sur ce pays par Hérodote, Salluste et autres historiens de la haute antiquité.

On ne possédait que peu de chose sur l'époque libyque. On n'avait que des notions incomplètes sur la période romaine, l'invasion vandale, la restauration byzantine.

Quant aux siècles des dynasties arabes et berbères et même de la domination turque, si rapprochée de nous, l'histoire présentait des inexactitudes étranges et des lacunes considérables.

Nos bibliothèques d'Europe renfermaient, il est vrai, de précieux documents inédits; mais il fallait la prise de possession de l'Algérie pour faire, de ces documents inconnus pour la plupart, des publications de circonstance livrées au public.

On se souvint, en replantant le drapeau sur le sol africain, des éminents services rendus au point de vue scientifique, des découvertes faites par les savants que Bonaparte avait emmenés avec lui en Égypte, et une *Commission scientifique* fut également instituée en Algérie.

Nous constatons aujourd'hui, en relisant les travaux laissés par ceux qui en firent partie, combien leur œuvre fut consciencieuse et fidèle. Nous y voyons figurer avec distinction une série de noms qui ont publié, sur l'Algérie et même les contrées barbaresques limitrophes, des études que l'on peut à juste titre considérer comme classiques; mais ces hommes de bonne volonté durent se résigner à suivre strictement les étroits sentiers que nos vaillantes colonnes leur ouvraient çà et là; il leur fallut donc se borner à glaner sur les traces de l'armée, lorsque souvent ils auraient pu recueillir d'abondantes moissons en s'écartant un peu de la ligne obligée des opérations militaires. Les premières découvertes archéologiques faites en Algérie, à peu d'exceptions près, appartiennent donc à l'armée. Il ne pouvait en être autrement, en effet, puisque pénétrant la première dans l'intérieur du pays inconnu, gravissant les montagnes, s'enfonçant dans le Sud mystérieux, à une époque où toute l'Algérie était à conquérir, elle a été naturellement la première à voir, à admirer, à signaler cette infinité de monuments de toute nature qui jonchent le pays. Ces découvertes, communiquées à nos savants de France, notamment à M. Léon Rénier, que l'on peut à juste titre appeler le père de l'épigraphie algérienne, ont révélé des faits, des dates et des noms de localités qui enrichissent et complètent l'histoire et la géographie ancienne de l'Afrique septentrionale.

L'archéologie est une science que beaucoup de personnes se refusent modestement d'entreprendre, par la raison qu'elle exige des études préliminaires indispensables; mais en Algérie, il est impossible que par un sentiment de simple curiosité on n'éprouve pas, de temps en temps, certaines velléités archéologiques à l'aspect répété de tant de ruines imposantes qui se dressent partout, sous les pas, dans nos solitudes africaines. Dans ce pays, en effet, où les villes modernes sont relativement très clair-semées, si nous les comparons à celles qui existaient dans l'antiquité, — dans ce pays, dis-je, où l'immense majorité de la population ne connaît que la tente et le gourbi, — où l'indigène est trop indolent pour détruire sans nécessité ni profit et n'a pas eu besoin, sauf de rares exceptions, d'utiliser les matériaux antiques, — certains monuments, n'ayant souffert en général d'autres injures que celles du temps, se présentent en plus grand nombre et beaucoup plus complets qu'en Europe.

Il arrive parfois en Afrique de rencontrer une cité antique presque intacte; on dirait que les habitants primitifs l'ont abandonnée la veille, et que douze siècles d'oubli n'ont point passé dessus depuis l'invasion musulmane.

Devant ces solides remparts, comme à Tébessa, par exemple, que les siècles ont eu tant de peine à entamer, sous ces arcs de triomphe dorés par l'action du soleil, sous ces portes restées monumentales malgré les mutilations, sur ces voies dallées en losanges, ces ponts, ces aqueducs, ces temples, ces basiliques, constructions plus ou moins ruinées, mais dont quelques-unes pourraient encore abriter les générations contemporaines — utilisées parfois par les indigènes comme étables ou magasins — on sent cette passion des temps écoulés qui doit créer les antiquaires.

Mais lorsque pour la première fois on voit dans ces ruines quatorze fois séculaires les lettres gravées sur la pierre ou le marbre; quand apparaît la dédicace encore fixée au fronton du temple ou tombée par fragments parmi les débris de sa colonnade; quand on a foulé des centaines d'épitaphes dispersées dans l'antique nécropole et autour desquelles, chaque année, le cultivateur indigène promène sa charrue, sans qu'il lui vienne à la pensée d'en déranger une seule pour donner de la régularité à ses sillons, il semble bien difficile de ne pas ressentir quelque chose de ce qu'on appelle le goût de l'archéologie.

Oui, dans ces cités mortes, on cherche toujours instinctivement et avec avidité l'inscription précieuse qui peut révéler un nom mystérieux et fournir un nouveau point d'appui à la géographie comparée, s'ils ne l'enrichissent même d'une désignation négligée par l'histoire.

Le champ d'exploration est en Algérie d'une fécondité immense. Chacun, selon ses goûts, son aptitude, sa spécialité, peut entreprendre, avec la perspective d'un succès assuré, les recherches qui le séduisent le plus.

Les vestiges de travaux hydrauliques, de barrages, de ponts, d'aqueducs, de temples, de monuments grandioses, enfin de fortifications de différents âges et peuples, abondent et offrent d'intéressants et inépuisables sujets d'étude.

On peut se livrer à l'épigraphie libyenne et berbère, romaine et arabe, espagnole et turque.

Le numismate peut collectionner des médailles et des monnaies authentiques sans craindre la falsification; rassembler des curiosités, des armes avec inscriptions et légendes, en usage sous les différentes races qui ont foulé successivement la terre d'Afrique.

Ce préambule était indispensable pour donner une idée générale, vulgariser en quelque sorte les nombreux sujets d'étude que les circonstances mettent à notre disposition.

Épigraphie, archéologie, histoire et géographie se tiennent par un lien indissoluble. Nous serons donc obligés d'élargir le cadre qui nous est tracé, afin de fixer les faits dans notre esprit d'abord et de rendre ensuite moins aride un sujet de cette nature.

Voici le classement des différentes époques du passé de l'Algérie :

Préhistorique,
Libyque-Carthaginoise (avant J.-C.),
Punique-Numidique (avant J.-C.),
Romaine,

Vandale,
Gréco-Byzantine,
Arabe et Berbère,
Espagnole, Turque, Française.

Nous allons maintenant procéder par ordre chronologique pour décrire l'origine, l'affectation et la forme des divers monuments que l'explorateur rencontre sur le sol algérien.

En première ligne, nous classerons les vestiges remontant à l'époque préhistorique. Ce sont ces constructions des premiers âges du monde, grossiers assemblages de pierres brutes, d'énormes blocs placés les uns sur les autres, mais néanmoins avec une certaine symétrie, une orientation à peu près uniforme, que l'on a désignés sous le nom de monuments dits *celtiques* ou *megalithiques* et parfois aussi de constructions cyclopéennes.

Le premier type est le dolmen qui se compose de deux ou de plusieurs grandes pierres, espacées entre elles de manière à former comme les parois d'un cercueil, et servant de supports à une grande dalle semblable à une table reposant sur ses pieds.

Quelques-uns sont entourés d'autres pierres de moindre dimension, plantées en terre et décrivant une enceinte circulaire dont le diamètre varie de 1 à 40 mètres.

On se demande naturellement, quand on se trouve en présence de ces blocs énormes, par quel procédé ceux qui les ont élevés et qui vivaient à une époque où l'on ignorait les plus simples éléments de l'art mécanique, par quel procédé, dis-je, on parvenait d'abord à détacher de la carrière des blocs si énormes, puis à les transporter et enfin à les soulever pour leur donner la place respective que chacun d'eux était destiné à occuper dans l'ensemble du monument.

Remarquons que ces constructions ne se rencontrent jamais ailleurs qu'à proximité de rochers, de carrières en quelque sorte, qui, par une formation particulière, sont pour ainsi dire lézardées, à larges fissures, se détachant et se débitant facilement en feuilles, en dalles et en blocs de toutes dimensions. Mais partout n'existaient point des carrières commodes à exploiter et se prêtant à l'érection des dolmens. Dans ce cas, on recueillait toutes les pierres des environs et l'on construisait le *cromlech* ou *galgal*, c'est-à-dire le second type, sorte de clapier d'abord pyramidal qui s'est affaissé par l'action du temps pour s'enfouir peu à peu par son propre poids dans la terre. Ce monceau de pierres recouvrant un cadavre est ce que les Arabes nomment *choucha* ou bien *nezâ*. Au dolmen ils donnent le nom imagé de *hanout* (boutique), et ils ont de nombreuses et curieuses légendes fantaisistes pour expliquer leur origine païenne.

On retrouve en Algérie la pierre levée ou *mènhir* et les allées de pierres plantées, semblables aux types bien connus de la Bretagne. Enfin il existe aussi des constructions circulaires en forme de tourelles ou de guérites, élevées par un peuple primitif que les indigènes nomment généralement les Beni Sefao.

En Algérie se voit un nombre considérable de dolmens. Nous signalerons entre autres ceux du Bou Merzoug, près Constantine; de Roknia, près Guelma; des Nemencha, près Tébessa, etc.

Au Bou Merzoug, dans un rayon de plus de trois lieues, sur la partie montagneuse comme dans la plaine de cette région, tout le pays est couvert de *dolmens, demi-dolmens, cromlechs, menhir, allées* et *tumulus*; en un mot, il existe là presque tous les types connus en Europe.

Un archéologue anglais, M. Christy, à qui l'interprète militaire Féraud fit explorer cette nécropole antique, a assuré que dans ses nombreux voyages, il n'avait jamais vu, autre part peut-être que dans l'Ouest de la France, pays classique des souvenirs druidiques, une aussi grande quantité de constructions de cette nature réunis sur un seul point.

L'opinion généralement répandue en France laissait

supposer que les dolmens n'étaient autres que des autels consacrés à la Divinité, sur lesquels les druides allaient accomplir leurs sacrifices humains. Nous avons ici la preuve que ces monuments sont réellement des tombeaux. En Europe, ce qui a rendu très-difficile l'étude de ces constructions primitives, c'est que beaucoup ont été détruites sous Louis-le-Débonnaire, qui prescrivit de démolir tout ce qui rappelait le culte païen. Celles qui restent auraient été démolies aussi, si leur masse ne les eût préservées; mais elles ont été pour la plupart fouillées à diverses époques, et la disparition à peu près complète de ce qu'elles renfermaient a empêché de pouvoir fixer avec certitude ou même approximativement la date à laquelle elles se rapportaient et leur affectation primitive.

Nous sommes beaucoup plus favorisés en Afrique. La paresse naturelle des indigènes, mais surtout le respect superstitieux qui s'est toujours attaché à ce que la main des païens a édifié, nous mettent à même aujourd'hui de nous trouver en présence de monuments intacts, c'est-à-dire qui, généralement, n'ont été ni violés ni fouillés depuis leur fermeture. Dans les fouilles de nos dolmens, quand le terrain où ils sont élevés a été préservé de l'humidité, qu'ils sont en un mot sur une déclivité qui a permis à l'eau de pluie de s'écouler, on découvre un squelette couché sur le côté gauche, formant pour ainsi dire un S, les genoux ramassés sur la poitrine, touchant presque le menton. On y trouve aussi des vases, grossière poterie en argile brune ou noire, ornementés d'une série de chevrons et de zigzags; des objets en silex, et même des ornements en bronze.

Nous n'avons pas ici, comme dans certaines parties de l'Europe, ce qu'on appelle des habitations *lacustres*, c'est-à-dire des habitations bâties sur pilotis au milieu d'un lac, pour se mettre à l'abri de l'ennemi ou des bêtes féroces. Les lacs qui ont pu exister en Algérie ont été engloutis ou comblés par les sables, ou se sont desséchés ; ce qui en reste est de peu d'importance.

Mais on y voit des habitations de Troglodytes, ou pour mieux dire des cavernes dans les montagnes, et qui, toutes, n'ont pas été explorées. On trouve également un autre sujet d'étude de l'âge primitif : ce sont ces vastes enceintes, véritables fortifications en pierres sèches, servant de lieu de refuge, où des populations entières, chassées des campagnes, pouvaient se retirer avec femmes, enfants et troupeaux. C'était un espace immense entouré de rochers abrupts alignés en muraille, et ne présentant d'accès que d'un seul côté, que les Romains appelaient *Oppida*, et que les Arabes nomment *Khot Pharaoun*.

Pendant longues années, tous ces monuments, d'une civilisation extrêmement ancienne, auprès desquels on passait sans les apercevoir, tant les pierres brutes les composant se confondaient avec les environs, n'avaient pas été observés. Les médecins militaires Judas, Guyon et Reboud, et l'interprète de l'armée Féraud, les signalèrent les premiers ; puis, l'attention éveillée, on en fouilla quelques-uns, et on put constater qu'ils n'étaient autres que des tombeaux.

Il fallait leur attribuer une origine, et aussitôt on se livra à toutes sortes de commentaires. On supposa d'abord que c'étaient des tombeaux de soldats gaulois servant dans l'armée romaine. L'hypothèse fut d'abord considérée comme plausible. Quelques indices semblaient confirmer cette opinion, puisque dans des dolmens, à côté d'instruments en silex, on avait retrouvé des objets d'un âge plus rapproché de nous que l'âge de pierre, tels que des boucles, des fibules, des bracelets et même une médaille de Faustine, du IIe siècle de notre ère. Dans un autre dolmen, on découvrait aussi le guerrier enterré avec son cheval, usage fréquent et consacré parmi les soldats gaulois (1).

---

(1) Voir *Recueil des Mémoires de la société archéologique de Constantine*, année 1864.

Mais de nouvelles recherches ont constaté que ces nécropoles préhistoriques étaient plus répandues qu'on ne l'avait cru d'abord. En effet, il en existe aussi bien en Algérie qu'en Tunisie et au Maroc, dans les plaines comme dans les montagnes, au milieu des sables du Sahara et sur les cimes de la Kabylie. Pour être si nombreux, il faut que ces monuments funéraires aient appartenu à une race nombreuse et puissante — les Berbères sans doute, — qui a laissé en tous lieux des traces de son passage, et non à quelques soldats gaulois des régions romaines qui auraient transporté dans leurs pérégrinations les usages et la religion druidique du pays natal.

M. Alexandre Bertrand, secrétaire de la Société des antiquaires de France, rendant compte des fouilles de dolmens opérées en 1864, en Algérie, faisait les remarques suivantes :

« On ne s'imaginerait jamais, en passant des planches
» de l'Annuaire de Constantine à l'une de celles de Sjoborg,
» que l'on a sous les yeux des monuments, ici, d'un pays
» du Nord de l'Europe, là, d'une contrée africaine. Les
» planches se ressemblent à ce point que l'on pourrait,
» sans causer d'étonnement à l'observateur, les substituer
» les unes aux autres. »

Une chose digne encore de remarque et qui ne manqua pas d'éveiller l'attention de M. Bertrand, c'est le mode d'ensevelissement des cadavres renfermés dans ces tombes, dont le corps était replié de manière à ramener les genoux vers le menton, se croisant les bras sur la poitrine, c'est-à-dire l'homme rentrant dans le sein de la terre tel qu'il était sorti du sein de sa mère.

L'étude, au point de vue anthropologique, a été entreprise depuis et se continue. Un succès scientifique éclatant est réservé à celui qui résoudra la question : à savoir si ces dolmens remontent aux Libyens ou à quelque peuple dont l'histoire a perdu le souvenir.

Enfin, sur l'époque préhistorique, il convient de signaler la découverte faite par l'interprète militaire Féraud, en 1871, auprès de l'oasis de Ouargla, dans le Sahara, d'ateliers de silex taillés extrêmement riches. Des pointes de flèches d'un modèle parfait, des instruments ayant la forme de couteaux et de grattoirs ont été rapportés de cette exploration et offerts au Musée national préhistorique de Saint-Germain où ils figurent aujourd'hui.

Nous allons maintenant aborder une autre période historique, et c'est à partir d'ici que peut commencer l'étude sur l'épigraphie. Les Phéniciens et les Carthaginois furent des peuples essentiellement commerçants, et les premiers vinrent avec leurs barques trafiquer le long de la côte d'Afrique. Dès la plus haute antiquité, ils créèrent, sur le littoral, dans toutes les criques où leurs galères pouvaient se mettre à l'abri des bourrasques de la mer, des comptoirs commerciaux nommés par les Latins *emporia*. A l'aide de ces postes-magasins échelonnés à *Ubbo* (Bône), *Russicada* (Stora), *Collops* (Collo), *Salda* (Bougie), et, ainsi de suite vers l'ouest jusqu'à Tanger, les Carthaginois établirent leur puissance d'une manière solide pour se frayer un chemin vers l'Espagne et les côtes de l'Océan Atlantique.

Les peuples indigènes qui habitaient alors l'Afrique septentrionale étaient des Berbères, divisés en innombrables tribus, mais portant le nom collectif de Lioua, que les historiens de race berbère ont parfaitement conservé jusqu'à nos jours. Le pays des Lioua (qui par changement d'une lettre nous fut connu sous le nom de *Libua*, Libye), à cause des profits que lui procurait le commerce, si ce n'est par la force des armes, reconnut la puissance des Phéniciens, puis des Carthaginois. Ceux-ci, pénétrant dès lors dans l'intérieur du pays, fondèrent entre autres villes importantes celle de *Kirta*, *Cirta* (Constantine).

Pendant une période d'omnipotence qui ne dura pas moins de quatre siècles, les Carthaginois avaient dû indubitablement laisser de nombreuses traces de leur passage.

Avant la conquête de l'Algérie, les monuments épigraphiques remontant à cette époque étaient extrêmement rares. Nous ne possédions guère qu'une pierre écrite, trouvée à Marseille, et la fameuse inscription de Thugga, que les Anglais emportèrent de Tunis à Londres, où elle figure au musée Britannique. C'est à grand frais, — car les fouilles ne sont pas faciles en pays musulman — qu'on avait pu s'en procurer quelques échantillons pour les musées d'Europe.

Mais il ne suffisait point d'avoir ces spécimens d'écriture antique : il fallait encore parvenir à les lire, à les comprendre et les traduire. Voici encore une circonstance démontrant combien la conquête de l'Algérie a été utile au point de vue de la science et, qui plus est, a ouvert des horizons nouveaux sur une époque mystérieuse, grâce aux recherches et aux travaux accomplis dans notre colonie.

En 1837, pendant la seconde expédition de Constantine, le docteur Judas, médecin des ambulances de l'armée, relevait et signalait diverses inscriptions, dites puniques, aux environs de Guelma.

Depuis cette époque, un autre médecin militaire, le docteur Reboud, a fait aux environs de Bône et notamment dans la vallée de la Cheffia près de La Calle, une moisson extrêmement riche d'épigraphes de la même époque. Enfin le conseiller Letourneux et le général Faidherbe, eux aussi, ont apporté leur contingent de découvertes libyques. Je me bornerai à rappeler ici la collection d'antiquités de la même époque provenant des fouilles faites à Carthage même par le drogman M. Sainte-Marie, pour nos musées nationaux, collection qui a failli être perdue à jamais lors de la catastrophe du vaisseau *Le Magenta*.

Au moment où nos archéologues algériens se livraient avec ardeur à leurs recherches et à leurs études, secondés par les sommités de la science européenne, un livre était publié par M. le capitaine Hanoteau sur la langue des Touaregs, ces Berbères refoulés vers le sud par suite des invasions successives et qui parleraient encore la langue des Libyens. Déjà, en 1847, le capitaine Boissonnet avait signalé l'alphabet Touareg, où nous trouvions des caractères identiques à ceux gravés sur la pierre de l'époque libyque. Nouveau progrès par conséquent pour la science. Nos musées algériens n'ont guère de rivaux, tant est considérable le nombre de stèles numidiques qu'ils possèdent aujourd'hui.

Ces pierres, sans exception à peu près, ne contiennent que des inscriptions votives ou funéraires. L'écriture de cette époque ne devait avoir qu'un usage très-restreint, et nous ne pouvons nous imaginer qu'elle ait jamais pu servir à autre chose qu'à l'épigraphie, comme cela a lieu encore pour l'écriture Touareg. Ces inscriptions, très-nombreuses dans la partie orientale de l'Algérie, voisine de Carthage, deviennent rares en s'avançant vers l'Occident. Dans la Kabylie, on n'en a trouvé jusqu'ici que deux ou trois spécimens, entre autres celui des Beni Djennad, dont l'inscription accompagne un guerrier à cheval. Des dessins grossiers surmontent quelquefois ces stèles numidiques : c'est l'image de l'homme invoquant la Divinité, les deux bras s'élevant vers le ciel ; et, chose étrange, nous avons retrouvé la même image reproduite en plâtre sur la porte des maisons de l'oasis de Ouargla, au fond du Sahara, à côté de la main aux cinq doigts déployés pour chasser le mauvais œil et du croissant traditionnel. On croit généralement que le croissant est un signe appartenant exclusivement aux Musulmans. C'est une erreur, car dès la plus haute antiquité il a été le symbole de la déesse Astarté, qui avait un temple à Carthage. Aussi, voyons-nous figurer le croissant sur les stèles numidiques et cet usage traditionnel se transmettre même durant l'époque romaine. Mais avant de parler de cette période grandiose et séculaire dite *période romaine,* il convient de rappeler que nous possédons encore en Algérie divers monuments d'une époque longtemps incertaine, mais que l'on croit pouvoir aujourd'hui fixer au temps des rois indigènes de Mauritanie et de Numidie. Je veux parler de ces immenses tombeaux, tels que le *Madrassen* — connu vulgairement sous le nom de tombeau de Syphax — dans la province de Constantine, décrit et fouillé par les soins de la Société archéologique de Constantine. Dans la province d'Alger, le *Kober-Roumia* — ou tombeau de la Chrétienne — également exploré par Berbrugger et Mac-Carthy, membres de la Société historique algérienne. Enfin les *Djeddar* de la vallée de la Mina, dans la province d'Oran, dont nous devons encore la connaissance exacte aux recherches, aux fouilles et aux dessins exécutés par nos infatigables explorateurs Mac-Carthy et Letourneux.

Cent quarante-six ans avant l'ère chrétienne, les Romains s'emparaient définitivement du territoire carthaginois proprement dit, qui comprenait à peu près ce que nous appelons aujourd'hui la Tunisie, jusqu'auprès de *Cirta* (Constantine). Nous ne parlons pas des nombreuses villes maritimes qu'ils possédaient le long du littoral pour leur commerce et que nous avons déjà signalées sous le nom de *emporia*, comptoirs commerciaux. A cette époque, toute la région occidentale, représentée aujourd'hui par l'Algérie et le Maroc, était sous la dépendance de princes indigènes que les Romains avaient su habilement rallier à leur cause pour anéantir la puissance des Carthaginois, leurs redoutables adversaires. Tels sont, entre autres, Massinissa, souverain de la Numidie, et Bocchus, de la Mauritanie.

L'épigraphie algérienne nous a d'abord fixés définitivement sur un point important resté jusque-là incertain : c'est l'époque où la Mauritanie fut réduite en province romaine, c'est-à-dire en l'an 40 de J.-C. On devait du reste s'attendre à voir cette question se résoudre dans le pays même par les découvertes archéologiques. Le fleuve qui portait jadis le nom de Amsaga servit, à plusieurs reprises, de ligne de démarcation entre ces divers États africains de l'antiquité. Nos géographes modernes n'étaient pas d'accord sur la position de ce cours d'eau; les uns croyaient que c'était le Roumel, d'autres le Sat-Saf, d'autres enfin l'oued Djendjen, espacés l'un de l'autre d'au moins vingt lieues de pays. Grâce à l'épigraphie, cette question de géographie comparée a été résolue ; aux sources du Bou Merzoug, à peu près à mi-chemin entre Constantine et Batna, M. Cherbonneau trouva enfouie dans une haie de cactus une belle inscription où, entre autres choses, étaient gravés les mots :

*CAPUT AMSAGÆ.*

La plus belle moisson archéologique a été faite à Lambèse. En 1844, le général duc d'Aumale, après son expédition de Biskra et dans les montagnes de l'Aurès, reconnut la nécessité d'occuper l'importante position de Batna qui commande le passage par lequel les nomades sahariens pénètrent périodiquement dans le Tell. Un camp fut donc établi à Batna par ordre du Prince; et pendant que le colonel Carbuccia en avait le commandement, il commença les fouilles des ruines sises à proximité, qui n'étaient autres que celles de l'ancienne ville de Lambesa, résidence du légat impérial d'Afrique et lieu de garnison de la 3ᵉ légion romaine qui, durant trois siècles, séjourna sur ce point.

Lambèse avait été jadis une ville d'une soixantaine de mille âmes, population relativement considérable dans les temps anciens. A proximité de Lambèse se trouvait une autre ville, Marcouna, moins grande peut-être que sa voisine, mais beaucoup plus opulente. Le colonel Carbuccia, secondé activement par ses officiers, entreprit des recherches. Leurs efforts réunis ne tardèrent pas à communiquer à leurs camarades, nous ajouterons même à tous les soldats de la légion, auxquels ils commandaient, la passion qui les animait eux-mêmes, pour ce genre de travail agréable à l'esprit.

Dire tout ce qui fut extrait de la terre, découvert, collectionné, serait impossible à décrire. Il faut, pour s'en rendre compte, visiter soi-même cette sorte de musée en plein air, organisé par la main de nos soldats.

Des temples splendides, dédiés à la Victoire, à Esculape, Minerve, Apollon, étaient déblayés. Des motifs d'architecture du style le plus pur, des mosaïques riches en couleurs et aux sujets variés; des statues semblant sortir de la main de l'artiste, peuplent aujourd'hui l'enceinte du vaste monument que l'on croit être l'antique Prætorium.

On marchait de surprises en surprises : des salles de bains aux parois de marbre, des fontaines monumentales ornées de bas-reliefs, des canaux d'irrigation, des portiques dont le seuil portait encore l'empreinte incrustée des roues des chars, des tombeaux contenant de curieux échantillons de bijoux, d'ornements, de lacrymatoires, de lampes et autres emblèmes funèbres, des médailles les plus rares et les plus authentiques.

La nomenclature de toutes les curieuses inscriptions qui ont été récoltées à Lambèse et aux environs est considérable. C'est en rassemblant religieusement toutes ces pages antiques gravées sur la pierre que l'on arrive à reconstituer l'histoire du pays. Ces inscriptions ont trait aux sujets les plus variés, à tout ce qui se rattache et peut nous éclairer sur l'état social, les mœurs, les usages, l'administration, la politique même de la société romaine. On y a même trouvé un hémicycle de pierres gravées ornant une salle que nous appellerions aujourd'hui un Cercle où, comme sur des tablettes, figuraient les noms des individus faisant partie de cette réunion. Quelques membres jugés sans doute indignes de continuer à paraître parmi leurs camarades ont eu plus tard leur nom martelé.

Une autre inscription nous apprend l'odyssée d'un soldat romain qui, envoyé de Lambèse à *Salda* (Bougie) pour réparer l'aqueduc qui amenait l'eau dans cette ville, tomba entre les mains de coupeurs de route indigènes qui le dévalisèrent.

Les découvertes faites à Lambèse étaient tellement considérables, tellement importantes, qu'elles nécessitèrent la venue en Algérie de M. Léon Rénier, notre savant épigraphiste français. M. Rénier a relevé et publié depuis un recueil, sans contredit l'œuvre archéologique algérienne la plus remarquable de notre époque.

L'épigraphie est certainement une science révélatrice, puisqu'elle puise aux sources même et qu'elle présente les faits sous leur véritable jour : c'est la restitution fidèle du passé. Elle a résolu de grands problèmes historiques et nous a révélé que l'Algérie est une contrée exceptionnelle où toutes les religions ont eu leurs autels, ont célébré leurs cultes et ont eu, par conséquent, leurs adeptes :

Le culte des Puniques avec leurs sacrifices humains consacrés aux éléments ; les croyances des Libyens ou Berbères, tenant du paganisme, ayant eu aussi leurs dieux africains ; le judaïsme introduit dès les temps les plus reculés par suite des migrations.

Qui nous aurait dit que nous trouverions ici des monuments de forme celtique ou druidique exactement semblables à ceux élevés par nos aïeux les Gaulois ? Sous la domination romaine, nous voyons des dédicaces, des vœux, des temples dédiés à toute la pléiade des dieux mythologiques. Les monuments de cette nature sont faciles à reconnaître ; on y voit presque toujours figurer le nom d'une divinité, d'une idole païenne quelconque ; si c'est une épitaphe, les initiales D. M. S., *Dieux Manes* ; si c'est un centre de population, le nom du génie protecteur.

Les inscriptions chrétiennes mentionnent le nom du Christ ; les figures symboliques sont la croix, des branches d'olivier, des colombes, l'agneau pascal, assez souvent le monogramme du Christ, accompagné de l'alpha et de l'oméga, c'est-à-dire le signe de la foi chrétienne pleine et entière du commencement à la fin.

Si les inscriptions chrétiennes sont relativement moins nombreuses que celles des autres religions, cela doit tenir à l'antagonisme acharné des autres cultes d'abord, puis à la haine invétérée des Donatistes, des Circoncellions, des Ariens, et autres hérétiques qui firent tous leurs efforts pour faire disparaître et effacer le christianisme. A l'époque des Vandales surtout la persécution ne cessait point, les prêtres catholiques étaient maltraités pour leur foi. Malgré toutes ces adversités et les cataclysmes politiques, Rome avait encore des évêques en Afrique au XIIIe siècle de notre ère, et l'histoire conserve la correspondance amicale qui existait entre les papes et les princes musulmans.

Nous verrons plus tard la religion musulmane s'introduire à son tour, être d'abord tolérante, puis se substituer définitivement à toutes les autres croyances. Les juifs conservèrent cependant la leur.

Puisque nous rappelons la question des religions, nous devons en mentionner encore une que nous révèle l'épigraphie algérienne. C'est celle du culte de Mythra ou de Zoroastre, culte du feu, culte du soleil, qui a eu pour berceau le vaste plateau de l'Iran, sur les bords de l'Indus.

Les monuments de ce genre sont rares, on n'en a trouvé encore que deux ou trois. Il est assez facile de les reconnaître, parce que tous portent un même sujet symbolique, représentant le soleil, un serpent, un scorpion, avec ces mots :

*DEO INVICTO MYTHRÆ.*

Sur une stèle trouvée à Sétif, on voit, outre ce qui précède, l'image d'un jeune homme coiffé du bonnet phrygien, le genou appuyé sur un taureau qu'il tient terrassé et à la gorge duquel il plonge un glaive acéré. Au-dessous on lit :

Leg. II Hercul. fec.

En recherchant encore quels sont les corps de troupes romaines qui ont successivement participé aux campagnes d'Afrique, on fait par l'archéologie de curieuses découvertes. Ainsi, par exemple, une très-belle dédicace à Caïus Aufidius, commandant la cohorte des Bracares, nous a appris que des auxiliaires recrutés dans le pays qui correspond au Portugal, vinrent tenir garnison dans la Mauritanie Sitifienne. Les Bracares étaient les ancêtres des habitants de Braga (Bragance), d'où est originaire la maison royale actuelle de Portugal. Le gouvernement portugais, ayant eu connaissance de cette découverte, nous a demandé un moulage en plâtre de cette épigraphe, et la reproduction figure aujourd'hui au musée de Lisbonne où on en fait grand cas.

On entend quelquefois certains écrivains qui ne connaissent de l'Algérie autre chose que la place du Gouvernement ou le boulevard d'Alger, faire de parti pris, avec une fiévreuse impatience, la critique amère de la marche de notre conquête depuis 48 ans, sans tenir compte des évènements et des mœurs de la race au contact de laquelle nous nous trouvons. Des voix autorisées ont répondu déjà avec succès. Mais il est un argument indiscutable à leur opposer, à l'aide de l'archéologie, pour démontrer combien leur critique est peu fondée et injuste en même temps. Beaucoup de voyageurs se rappellent être passés dans la gorge si pittoresque d'El-Kantara, qui est comme la porte du Sahara, à quelques lieues de Batna. Là sur une hauteur existe une vaste ruine romaine. C'était un fort sur lequel est gravée une inscription portant ces mots : *Burgum Speculatorum*, — fort des éclaireurs, — construit sous Caracalla. Ainsi 200 ans après l'établissement de la 3$^{me}$ légion romaine à Lambèse, c'est-à-dire à *quinze lieues* seulement au sud de cette ville, les Romains étaient encore obligés de se garder militairement sur ce point, d'y avoir une grand-garde contre les incursions des Gétules qui n'étaient autres que les nomades sahariens de nos jours.

Biskra n'était pas encore occupé alors, on ne se hasardait même pas à aller à cette oasis. A la même époque, la ligne frontière des Romains, vers le sud, passait de Lambèse à *Auzia* (Aumale), à *Caput Cillani*, point situé un peu au sud de Médéa, *Zucchabari*, dans la vallée du Chélif, enfin *Pomaria* (Tlemcen), où était également en vedette un corps de troupes appelé les exploratores. Voilà quelles étaient les frontières du Sud de l'Algérie, deux siècles après la conquête romaine.

Dans l'intérieur de ce périmètre existaient comme des îlots insoumis dans lesquels les Romains ne parvinrent jamais à pénétrer. Nous voulons parler du massif des montagnes de la Kabylie, que l'on appelait alors *Mons ferratus*, — les montagnes bardées de fer, — nom qui n'a pas besoin de commentaires pour démontrer que les Romains furent impuissants pour dompter cette population berbère belliqueuse et indépendante. Ils durent se borner à entourer ce massif montagneux de postes, de forts, de vigies, pour prévenir les légions cantonnées plus loin de tout mouvement offensif qu'auraient pu entreprendre ces redoutables Quinquégentiens, nom collectif des cinq grandes tribus occupant alors la Kabylie.

Un quart de siècle environ après notre descente sur la côte d'Afrique, nos colonnes avaient déjà étendu nos limites méridionales jusqu'à Ouargla et le Mzab, où il est démontré que les Romains n'ont jamais mis le pied.

Quant à la Kabylie invaincue jusqu'alors, il était réservé au maréchal Randon d'avoir la gloire d'y conduire nos troupes et de faire flotter notre drapeau sur les pics les plus élevés du Jurjura, dont on aperçoit d'Alger les cimes neigeuses, 27 ans après notre débarquement à Sidi-Ferruch.

Les bardes indigènes, bien qu'appartenant à la race vaincue, ont été plus sincères que certains de nos compatriotes. Les uns ont fait des chants commémoratifs pour rappeler aux générations futures que leurs montagnes, vierges depuis des siècles du joug de l'étranger, avaient dû céder enfin devant l'effort combiné de nos armes. Les autres ont célébré également par des chants populaires l'étonnement que leur a causé le creusement d'innombrables puits artésiens, par l'initiative intelligente du général Desvaux, au milieu des solitudes sahariennes naguère stériles et aujourd'hui arrosées et augmentant chaque jour le nombre de ses forêts de palmiers-dattiers.

En exceptant la Kabylie toujours indépendante, il a fallu aux Romains 240 ans pour réduire le pays. Nous avons obtenu ce résultat en y comprenant la Kabylie en 27 ans.

Quant aux insurrections de la race indigène, l'archéologie nous démontre encore que nous avons affaire à une population qui de temps immémorial a été extrêmement impressionnable, vigoureuse, vaillante et dont il convient de nous faire des alliés et non des ennemis, en sachant nous l'affectionner par le respect de ses traditions, de ses croyances et de ses usages séculaires. La transformation d'un peuple ne saurait s'accomplir à coups de décrets; c'est l'œuvre du temps.

Sous Auguste, à la suite d'une réforme administrative, nous voyons les Musulans, grande tribu qui occupait le plat pays depuis Tébessa jusqu'au Hodna, se mettre en révolte. La 3e légion de Lambessa ne put suffire pour réprimer cette levée de boucliers; on dut transporter en Afrique la légion de Panonnie.

Tacfarinas, semblable aux chérifs des temps modernes, parcourt le pays, annonçant partout le prochain renversement de la puissance romaine. Il provoqua une immense révolte des indigènes, que parvient enfin à éteindre le proconsul Dolabella. On pourrait citer une longue série de monuments épigraphiques commémoratifs des insurrections indigènes dans le Hodna, le Babor, la région avoisinant la Kabylie, le Sahara et autres lieux, que l'archéologie algérienne a révélés à la science historique.

Enfin, en 289 de J.-C., c'est-à-dire quatre siècles après que les Romains étaient maîtres de l'Afrique, Firmus, homme influent, actif et habile, proclame la révolte contre le comte Romanus, qui était *præses* ou Gouverneur civil de l'Algérie. Firmus avait à se plaindre de graves injustices dont il était victime, et toutes les populations berbères se levaient à son appel. Il marche sur Julia Cæsarea (Cherchell), capitale de l'une des Mauritanies, s'en empare et s'y fait proclamer empereur.

Cette levée de boucliers nécessita l'envoi en Afrique du comte Théodose qui réunit à la fois les fonctions de *præses* et de *dux*, gouverneur civil et général d'armée. Diverses inscriptions découvertes ici, nous apprennent que ce personnage, assisté d'Aurelius Litua, autre général africain réunissant les deux pouvoirs civil et militaire, parvint enfin, après une très-laborieuse campagne, à écraser Firmus aux environs de Tubusuctus, localité dont l'archéologie nous a fait connaître également l'emplacement exact et qui est situé à El-K'sar, dans la vallée de l'oued Sahel, entre Bougie et Aumale. Cette guerre contre les Kabyles dut être bien sérieuse, puisque l'empereur Maximilien-Hercule fut obligé de venir la diriger en personne.

Au point de vue de l'acclimatement de l'Européen sur le sol africain, question d'un haut intérêt pour notre colonisation, l'archéologie algérienne démontre que tant de localités réputées malsaines et inhabitables ont des monuments funéraires sur lesquels sont inscrits des cas nombreux de longévité, comparables à ceux des localités les plus saines de l'Europe.

Nous n'avons rien à dire sur la période vandale pendant laquelle on détruisit au lieu de créer. Les Grecs byzantins relevèrent ensuite quelques-uns des anciens postes militaires romains que les Vandales avaient abattus; c'est pour cela que les fortifications de leur époque présentent cet amalgame confus de matériaux de toute provenance : fûts de colonnes, sarcophages, pierres votives ou funéraires, auges même pour abreuver les animaux, tout ce qui se présentait à portée et sous la main, en un mot, était utilisé indistinctement pour ces constructions élevées à la hâte.

On trouve au pied de l'Aurès diverses inscriptions commémoratives rappelant les efforts que Solomon, lieutenant et successeur de Bélisaire, dut faire pour reconquérir pied à pied quelques lambeaux de l'ancienne Afrique romaine. De cette époque il nous reste aussi, mais peu nombreuses, diverses inscriptions en caractères grecs.

Je terminerai ce qui a trait à l'archéologie romaine en disant que, grâce aux nombreuses découvertes épigraphiques donnant l'emplacement de villes, d'évêchés, de postes militaires, de stations, de colonnes milliaires sur les routes pour indiquer les distances, une très-belle carte, dressée par les soins du capitaine d'état-major de Champlouis, nous fixe sur ce que fut jadis l'occupation romaine en Afrique. Un autre officier du même corps, le capitaine Parisot, vient d'en terminer une ne comprenant que la province de Constantine, mais dressée à une plus grande échelle ; elle est infiniment plus détaillée, plus complète que la précédente. Espérons qu'elle sera bientôt imprimée et livrée à la publicité.

Passons à l'archéologie musulmane.

L'Empire d'Orient se démembrait par suite des agissements de plusieurs prétendants se disputant le pouvoir. Pendant cette phase critique où l'union et le concours de tous eussent été d'une impérieuse nécessité pour le salut de chacun, jusqu'à ce que le calme se fût rétabli dans l'empire, le patrice Grégoire créait de nouveaux embarras en Afrique en se déclarant indépendant de la cour d'Orient et en proclamant l'autonomie des vastes contrées soumises à son commandement et confiées à sa fidélité.

Le moment était mal choisi pour se livrer à de telles réformes radicales, car le pays était alors constamment agité par les violentes révoltes des Maures, qui avaient déjà ravi une grande partie de l'héritage de Rome. Les troupes ou plutôt les bandes armées que n'animait plus l'esprit de discipline des anciennes légions de l'armée régulière, corrompues qu'elles étaient aussi par les exemples subversifs qu'elles avaient sans cesse sous leurs yeux, s'étaient déjà elles-mêmes laissées entraîner à la rébellion proclamée par deux ambitieux, Stauzas et Gontharis.

L'usurpation anti patriotique du patrice Grégoire devait être naturellement le signal de nouveaux désordres. Les habitants des villes africaines n'ayant plus à compter avec la mère-patrie dont ils s'étaient séparés, se livrèrent dès lors, avec une frénésie de plus en plus acharnée, à leurs anciennes querelles théologiques, oubliant, les insensés, qu'ils s'agitaient sur un volcan prêt à les engloutir à la moindre imprudence.

Ils préparaient eux-mêmes leur perte.

Au milieu de manifestations et de déclamations publiques inconsidérées, l'aveuglement égoïste des citadins était devenu tel qu'ils ne s'apercevaient plus des dangers qu'ils couraient, et qu'autour d'eux les Maures, spectateurs intéressés des désordres politiques et religieux de leurs maîtres, et qui sentaient le pouvoir s'affaiblir chaque jour, profitaient de cette anarchie pour reprendre complétement leur liberté, massacrer les populations isolées et saccager les campagnes dont la conquête les avait jadis dépossédés.

Le désordre et la division régnaient par conséquent de tous côtés en Afrique au moment de l'invasion du VIIe siècle, que les indigènes, chez lesquels l'amour du changement et des aventures a été de tout temps la passion favorite, accueillirent avec grand enthousiasme, dans l'espoir de secouer le joug oppresseur de leurs dominateurs affolés. Combien de vengeances, de haines comprimées et transmises de génération en génération n'avaient-ils pas aussi à satisfaire ?

Laissées sans défense, bloquées par les Maures en révolte

qui étaient maîtres des campagnes, en outre rivales et jalouses les unes des autres par raison politique, et ne se prêtant plus un mutuel appui, les villes africaines, dont on avait jadis tant admiré l'opulence et la grandeur, les arts et l'industrie, ouvraient leurs portes aux nouveaux conquérants, le plus souvent sans avoir opposé la moindre résistance. Cet état de choses explique la facilité avec laquelle une seule poignée de cavaliers arabes, qu'aucun obstacle sérieux n'arrêtait plus, accomplit en si peu de temps cette prodigieuse conquête de l'Afrique, depuis le Nil jusqu'à Tanger, où, pendant des siècles, Rome avait fait tant de sacrifices. Le sabre et le Koran mettaient fin à toutes les discussions ; le patrice Grégoire, qui avait sacrifié la patrie à son ambition, était l'un des premiers écrasé sous les pieds des chevaux arabes, et sa fille entrait dans le harem du vainqueur.

Cette expédition hardie du général arabe Okba est un fait unique dans l'histoire et tient en effet du prodige. Il eut poussé plus loin encore vers l'Occident, si la mer ne l'eût arrêté dans son essor. Arrivé sur la plage de Tanger, Okba lançait son cheval dans les flots de l'Océan et s'écriait :

« Dieu tout-puissant de Mahomet ! sans cette barrière que tu m'opposes, j'irais forcer d'autres nations qui t'ignorent à n'adorer que toi ou à mourir ! »

Mais les populations berbères, après avoir salué ce nouveau drapeau, s'aperçurent, le premier moment d'enthousiasme passé, qu'elles n'avaient fait que changer de maîtres. Elles se révoltèrent, et leur première victime fut Okba lui-même. Plus tard, les Arabes, ayant conquis pour la seconde fois le pays, élevèrent à Sidi Okba un tombeau dans l'oasis qui porte son nom, près de Biskra. C'est là que se trouve le monument archéologique arabe le plus ancien de l'Algérie, portant une inscription contenant ces simples mots :

*Ceci est le tombeau de Sidi Okba.*

Nous devons relater ici un fait important qui explique la destruction systématique de la majeure partie de ce que les Romains avaient édifié en Afrique, ce qui fait que l'archéologue est souvent forcé aujourd'hui de fouiller le sol pour retrouver les vestiges des monuments antiques.

Au moment de l'apparition des Arabes, le nord de l'Afrique, depuis Tripoli jusqu'à Tanger, n'était, rapportent les historiens du temps, qu'un immense bocage, une succession continuelle de villes et de villages. Après la révolte des Berbères contre Okba, ceux-ci employèrent un moyen extrême pour dégoûter les Arabes de remettre les pieds en Afrique : ils ravagèrent et incendièrent complétement le pays, ce que n'avaient point fait les Vandales, sur le compte desquels, cependant, on a mis avec trop d'exagération toutes les destructions du temps passé.

Les Arabes revinrent cependant et soumirent le pays, le sabre d'une main et le Koran de l'autre. Les historiens nationaux nous disent positivement que les Arabes, soldats missionnaires, ayant laissé leurs familles dans leur patrie, épousèrent des femmes du pays conquis et apportèrent en Afrique la civilisation orientale, alors très-avancée ; de là, fusion et absorption rapides.

Les Berbères, race essentiellement intelligente, finirent par embrasser la cause musulmane. Quelques-uns adoptèrent la langue arabe qui leur paraissait plus élégante que la leur ; ils mettaient, du reste, une certaine fierté à se rattacher à la race conquérante.

C'est alors que sous la conduite de Tarek, celui qui a laissé son nom à Gibraltar, ils passèrent en Espagne et en firent aussi la conquête. La France eut été envahie aussi, sans la vigueur de Charles Martel qui arrêta à Poitiers le flot conquérant, menaçant d'envahir l'Europe entière.

Nous voici à la belle époque que l'on est convenu d'appeler l'époque arabe et qu'il serait bien plus exact d'appeler l'époque des Berbères arabisés. Cette race intelligente, vigoureuse et guerrière fit de grandes choses en Afrique, où elle fonda des royaumes qui brillèrent d'une certaine splendeur, tels que ceux de Tunis, de Fez, de Tlemcen, de Maroc et de Bougie; ils firent aussi la conquête de la Sicile et faillirent même s'implanter dans le midi de la France, en occupant solidement les montagnes de l'Esterel, qui dominent la petite ville provençale de Saint-Tropez.

Les arts et les sciences se développaient aussi bien en Afrique qu'en Espagne. Nous pouvons juger du degré de civilisation de cette époque, non-seulement par les œuvres littéraires qui nous restent sur l'histoire, la géographie, la médecine, etc..., mais surtout par des œuvres plus palpables, plus matérielles : je veux parler des chefs-d'œuvre d'architecture que nous admirons encore et qui constituent un style élégant qui charme les yeux. L'*Alhambra* attire en Espagne les voyageurs et les artistes; les mosquées et autres établissements religieux de notre ville algérienne de Tlemcen, si bien décrits par M. Brosselard, nous offrent des sujets tout aussi ravissants que ceux de l'Andalousie. C'est là que l'on peut se livrer avec succès à l'étude de l'archéologie et de l'épigraphie orientale, qui se prêtent si bien à l'ornementation architecturale. Les Maures étaient réellement aussi forts que les Romains, et pour en juger il n'y a qu'à examiner leurs monuments, leurs barrages, leurs moyens d'irrigation, leurs aqueducs... La ville de Fez, au Maroc, contient une infinité de vieux édifices qui rappellent aussi la splendeur des Maures; mais notre cadre se bornant à ce que nous possédons en Algérie, revenons à Tlemcen, où l'infatigable M. Brosselard a découvert des richesses, au double point de vue archéologique et historique : la nécropole des Beni Zïan, anciens princes de cette ville, et enfin, monument peut-être plus précieux encore, l'épitaphe de Boabdil, le dernier souverain de Grenade, celui qui, n'ayant pu défendre son royaume vaillamment comme un homme, vint, dans l'obscurité, à Tlemcen, pleurer et mourir comme une femme.

C'est aussi à Tlemcen que l'archéologue peut admirer

les vestiges de cette ville opulente de Mansoura, édifiée par un corps d'armée, vis-à-vis la ville dont il avait entrepris le siége.

L'épigraphie arabe, elle aussi, nous a révélé bien des faits qui ont servi à fixer, à donner une date précise à beaucoup d'événements historiques algériens. De remarquables travaux sur cette branche de l'archéologie ont été accomplis depuis que nous sommes en Algérie, par les orientalistes, auxquels incombait cette besogne spéciale. Ce sont généralement les établissements religieux qui en ont fourni les matériaux. Ces épigraphes, en caractères arabes, encastrés dans les murailles des mosquées, sont gravées sur marbre, sur pierre, sur ardoise, ou même encore sculptées sur bois. Mais les plus belles inscriptions servant à l'ornementation des édifices religieux et des palais, sont fouillées sur des couches de plâtre courant en guirlandes sur le pourtour des ogives. Telles sont aussi celles de l'Espagne. L'épigraphie funéraire a son caractère.

La Kalâ des Beni Hammad, puis la ville de Bougie, qui, au moyen-âge, jouirent d'une grande splendeur comme capitales du royaume des Berbères Sanhadja, nous auraient offert des sujets d'étude aussi intéressants peut-être que ceux de Grenade même, si ces deux localités africaines n'avaient été ravagées par les Arabes nomades ou par les Espagnols.

A Bougie, il reste encore les vestiges d'anciennes fortifications et d'une grande porte ogivale, ouvrant sur le port où venaient commercer au moyen-âge les vaisseaux de Marseille, de Barcelone, de Gênes et de Pise.

Vers la fin du XVe siècle, les Maures, chassés d'Espagne par Ferdinand, vinrent demander un asile à leurs coréligionnaires d'Afrique, et partout où ils s'établirent, à Oran, Alger, Bougie, Bône, Tunis, ils portèrent leurs arts et leurs sciences, mais en même temps la haine profonde qu'ils nourrissaient contre leurs vainqueurs. Le désir de vengeance remplissait le cœur des exilés. Ils étaient trop faibles pour essayer de reconquérir leur patrie, mais ils ne pouvaient consentir à vivre paisiblement à quelques lieues de cette belle contrée d'Espagne qu'ils venaient de perdre. Ne pouvant mieux faire, ils s'organisèrent en pirates, harcelèrent leur ennemi et ruinèrent son commerce.

Deux corsaires renommés, les frères Barberousse, venaient de paraître dans les eaux algériennes et contribuèrent à satisfaire la soif de vengeance qui animait les Maures. Pour mettre un terme à ces déprédations, l'Espagne fit plusieurs descentes sur la côte d'Afrique. Nous trouvons à Oran, dans différentes fortifications de la place, des inscriptions rappelant les succès remportés par les troupes espagnoles. Nous en trouvons à Alger aussi sur la tour du phare, où n'existait alors qu'un îlot sur lequel les Espagnols élevèrent un bastion pour menacer sans cesse les pirates de cette ville. Enfin à Bougie, à Bône, à Tunis, à Tripoli, que les Espagnols occupèrent aussi plus ou moins longtemps, on a trouvé de quoi faire de belles récoltes épigraphiques. Mais, comme monuments, les Espagnols n'ont laissé que des murs de casernes ou des remparts et des bastions, n'ayant d'intérêt qu'au point de vue de l'archéologie militaire.

L'archéologie turque est de peu d'importance. Ces gens-là n'étaient pas les amis des arts et des sciences. Ils exploitaient le pays, mais ne l'administraient point. Ils se sont bornés à mettre quelques épigraphes commémoratives par-ci par-là sur des forteresses, des fontaines, des arsenaux. Il existe cependant à Alger, Constantine, Oran, quelques palais et même des maisons particulières construites dans un style charmant et bien approprié aux mœurs des habitants et au climat du pays. Mais c'était l'œuvre d'esclaves chrétiens ou d'ouvriers kabyles. Quant aux matériaux, tels que colonnes, encadrements de portes, fontaines, bassins et autres ornements, faïences et ardoises, tout cela provenait d'Italie ou d'autres petits États européens. C'était quelquefois acheté, mais le plus souvent exigé comme tribut par ces intraitables corsaires, pour accorder à la marine du commerce chrétien une paix très-éphémère.

Enfin, à Gigelli, nous trouvons quelques vestiges qui nous intéressent, parce qu'ils nous rappellent la malheureuse expédition que le duc de Beaufort dirigea au XVIIe siècle sur la côte d'Afrique. Plus loin, vers l'est, nous avons encore l'ancien Bastion de France et le petit centre de La Calle où, au milieu d'une infinité de vicissitudes, nos pères se livrèrent à la pêche du corail et au commerce de grains avec les indigènes pendant plus de trois siècles. C'était ce que l'on appelait alors les *concessions françaises d'Afrique*.

Après avoir successivement signalé ce que notre pays algérien offre aux travailleurs, au point de vue archéologique, je me résumerai en disant que l'épigraphie est loin d'avoir dit son dernier mot. Sur certains points on a pu se livrer déjà à des fouilles et à des recherches sérieuses; mais partout ailleurs, sur cette immense surface algérienne, si riche en souvenirs, on n'a fait que glaner ce qui se trouvait à la surface du sol. Combien de localités que nous n'avons pas même visitées ? Il reste donc encore largement de quoi stimuler et satisfaire l'ardeur de tous ceux qui désirent se livrer à ces utiles et attrayantes études sur le passé de notre belle Algérie.

La commission scientifique, fondée au début de la conquête a publié plusieurs travaux historiques importants. La Société historique algérienne d'Alger et la Société archéologique de Constantine, encouragées par la sollicitude éclairée du Gouvernement général, continuent cette œuvre éminemment utile et continuent à publier tous les ans des volumes dans lesquels les futurs historiens viendront puiser des documents authentiques sur le pays. Les monographies des villes, des tribus arabes et kabyles, études de mœurs, chants populaires même ; la biographie des anciennes familles féodales indigènes, une infinité de récits de témoins oculaires sur les diverses campagnes de l'armée d'Afrique, des descriptions du pays, depuis la région maritime jusqu'à l'extrême Sud; tous ces travaux détachés composent déjà une collection importante qui ne comprend pas moins de quarante volumes, justement appréciés par le Comité national des Sociétés savantes de France.

D'autres écrivains, s'élançant sur un plus vaste terrain, ont publié des séries de volumes traitant tel ou tel sujet de l'histoire algérienne. Nous devons placer en tête les remarquables traductions d'ouvrages arabes du baron de Slane, qui ont valu à leur auteur le titre mérité de membre de l'Institut; les traductions d'ouvrages arabes sur la législation musulmane par le docteur Perron. — Toutes ces œuvres et tant d'autres études d'auteurs plus modestes peuvent rivaliser avec succès avec ce qu'ont publié nos orientalistes les plus distingués de la métropole.

L'histoire proprement dite de l'Algérie a eu, ici même, ses écrivains dans les Berbrugger, Mac Carthy, Fillias, Pélissier de Raynaud, Carette, Poulle, Esterhazy, etc. Les livres de quelques-uns de ces auteurs sont devenus classiques dans nos établissements d'instruction publique.

Je viens de nommer feu Berbrugger qui consacra trente années de son existence à recueillir, avec une patience digne de tout éloge, tous les anneaux de la chaîne souvent interrompue de l'histoire de la domination turque en Algérie. Espérons que cette œuvre considérable, que nul autre ne pourrait entreprendre aujourd'hui, viendra bientôt s'ajouter à notre bibliothèque algérienne.

L. CHARLES FÉRAUD,
*Interprète principal de l'armée d'Algérie.*

---

Alger. — Typographie A. JOURDAN.

# GOUVERNEMENT GÉNÉRAL CIVIL DE L'ALGÉRIE

| DIRECTION GÉNÉRALE | | RENSEIGNEMENTS |
| :---: | :---: | :---: |
| DES | **COLONISATION** | GÉNÉRAUX |
| AFFAIRES CIVILES ET FINANCIÈRES | | ET STATISTIQUES |

## AVIS

*Les Agriculteurs ou les Industriels désirant s'établir en Algérie trouveront les renseignements qui peuvent les intéresser*

AUX

# BUREAUX

DES

# RENSEIGNEMENTS GÉNÉRAUX

SITUÉS :

EN ALGÉRIE

A Alger (Hôtel des Postes, à l'entresol, boulevard de la République);
A Oran (Bureaux de la Préfecture);
A Bône et à Philippeville (Bureaux de la Sous-Préfecture);

A PARIS

Au Ministère de l'Intérieur (99, rue de Grenelle St-Germain).

Immigration. — Colonisation. — Agriculture. — Industrie
COMMERCE, TRANSPORTS, CHEMINS DE FER
EXPLOITATION DES MINES, CARRIÈRES, FORÊTS, ALFA
LOIS & RÈGLEMENTS SPÉCIAUX A L'ALGÉRIE, ETC.

NOTA. — On répond par écrit à toute demande de renseignements adressée *franco*, sous forme de note, à M. le Chef du Bureau des Renseignements, et contenant le montant de l'affranchissement de la réponse. — On adresse également tous les documents officiels imprimés : *programmes de colonisation, modèles de soumission, notices sur les forêts et les mines, etc., etc.*

Alger. — Typ. A. Jourdan.

www.ingramcontent.com/pod-product-compliance
Lightning Source LLC
Chambersburg PA
CBHW060907050426
42453CB00010B/1595